"Je suis célibataire, j'ai pas besoin d'aide, j'me débrouille tout seul"

Nekfeu

"J'suis célibataire, j'fais ce que je veux,
j'ai pas de comptes à rendre"

Orelsan

"J'suis célibataire, j'ai pas d'attaches,
j'peux aller où je veux, quand je veux"

Booba

POURQUOI C'EST MIEUX D'ÊTRE CELIB ?

Dans un monde où le diktat de la dualité amoureuse règne en maître, où le duo est brandi comme la norme et l'idéal à atteindre, il est temps de briser les chaînes de l'obligation conjugale. Bienvenue dans cet opus dédié à la liberté, au célibat, à la délicieuse solitude qui n'est point une punition, mais une aubaine. Car soyons francs, être célibataire, c'est bien plus qu'une simple absence d'attache sentimentale. C'est une allée parsemée de pétales de rose, une symphonie jouée en solo, une danse endiablée où nos pas sont les seuls à compter.

Le célibat, c'est ce doux privilège de déployer son corps dans un lit grandeur nature sans avoir à négocier l'espace vital. Les bras écartés, la couette toute à soi, et le ronflement en option. Ah, le luxe exquis de s'étaler en étoile de mer sans recevoir de coup de coude accusateur dans les côtes ! La preuve ultime que l'égoïsme peut aussi être un art de vivre.

Le célibat, c'est cette fenêtre ouverte vers l'infinité des possibles. Plus de compromis sur le choix de la soirée télé, sur le parfum de glace à déguster, sur le film du samedi soir. Le pouvoir est enfin entre nos mains, et nous devenons les maîtres incontestés de notre royaume culinaire et télévisuel.

Célibataire, c'est l'occasion de tisser sa toile sociale, d'explorer le vaste monde des rencontres et de cultiver amitiés, complicités, et autres liens empreints de liberté. Car dans ce monde à géométrie variable, les amis deviennent des étoiles filantes dans la galaxie de notre vie, chacun avec sa lumière propre, sans éclipser l'autre.

Ainsi, cet ouvrage se veut une ode à l'indépendance amoureuse, une célébration du célibat comme une douce mélodie dont chaque note résonne avec subtilité. Embarquons ensemble dans ce périple où le rire est notre guide, et découvrons les mille et une facettes de cette belle aventure, où la solitude n'est rien d'autre qu'un terrain de jeu infini pour notre bonheur. Que la fête commence, et que le célibat soit notre hôte d'honneur !

1.

DANS UN GRAND LIT TU DORMIRAS

Ah, le célibat ! Cette douce mélodie de la solitude qui berce nos nuits et adoucit nos jours. Dans cet univers des amours non liées, il est une star qui brille de mille feux : le grand lit. Oui, messieurs-dames, le grand lit, cet écrin douillet où l'on se love en solitaire, tel un roi ou une reine régnant sur un royaume de draps moelleux.

Imaginez, vous êtes là, étendu au cœur de votre oasis de confort, au milieu d'un océan de coussins et de couettes. La mer déchaînée des responsabilités n'a pas droit de cité dans ce havre de paix. Vous êtes le capitaine de votre propre navire, voguant sur des vagues de rêves délicieusement profondes.

Pas de co-pilote pour vous déranger, pas d'incursions ennemies dans votre espace vital. Le grand lit est votre domaine, votre château, et vous en êtes le souverain sans partage.

Et puis, parlons des dimensions. Grand lit, c'est grand, évidemment. Assez grand pour accueillir des rêves aux proportions épiques. Assez grand pour vous laisser libre de vous étirer, de vous rouler en boule, ou même d'exécuter la danse de la joie version sommeil. Plus besoin de vous contorsionner pour tenir à deux. Vous êtes comme une étoile de mer en pleine croissance, prête à conquérir la galaxie du sommeil.

Ah, les joies de la répartition équitable de l'espace ! Fini, le tirage de couette nocturne, la querelle des territoires. Les draps sont votre allié, votre fidèle compagnon de nuit. Vous pouvez déployer vos jambes tel un explorateur arpentant des terres inconnues, sans craindre l'opposition. Votre lit, c'est le droit à la libre circulation, à l'exploration spacieuse.

La diversité des oreillers, voilà un autre trésor du grand lit. Vous pouvez opter pour l'oreiller en plume, moelleux et aérien, ou le ferme et loyal oreiller ergonomique. Votre grand lit est une toile sur laquelle dessiner votre composition de sommeil idéale. Vous êtes le chef d'orchestre d'un concert de repos, où chaque note est une caresse pour votre âme fatiguée.

Et que dire des moments d'intimité avec vous-même ? Vous avez la chance de vous choyer en toute tranquillité. Les soirées pyjama, les marathons de séries télévisées, les romans en dévorant une boîte de chocolats, tout est permis. Votre lit est le théâtre de vos plaisirs personnels, l'écrin de vos joies solitaires.

Ainsi, le grand lit devient le symbole du bonheur conjugal avec soi-même. Un espace sans concessions, un lieu d'intimité avec votre moi intérieur. Alors, chers célibataires, profitez de ce temple du sommeil en solo. Faites de chaque nuit un voyage onirique où vous êtes le héros, où votre lit est la première classe du confort.

Car rappelez-vous, dans ce grand lit, vous n'avez besoin de réserver qu'une seule place : la vôtre. Et quelle place, mes amis, quelle place !

2.

ECONOMISER TU FERAS

Le célibat, c'est la clé secrète d'un coffre-fort mystérieux : celui de l'économie. Lorsque Cupidon laisse son arc au vestiaire, c'est la bourse qui vous dit merci. Oui, mesdames et messieurs, être célibataire, c'est un peu comme avoir un superpouvoir. Celui de transformer des dépenses potentielles en économies certaines.

Vous voyez, l'amour, c'est beau. Mais l'amour, ça coûte. Ça coûte des dîners aux chandelles, des week-ends romantiques, des cadeaux qui vous laissent parfois un peu sur le carreau. Alors que, seul dans la vaste étendue de votre célibat, vous pouvez dompter la bête budgétaire avec grâce.

Le dîner aux chandelles ? Maintenant, c'est juste vous, une pizza surgelée et une bougie. C'est romantique, c'est minimaliste, et surtout, c'est économique. Le tout sans besoin de pourboire pour le serveur, puisque vous l'avez déjà fait vous-même en préparant ce délice surgelé.

Et les cadeaux ? Ah, la libération de ne pas avoir à chercher le cadeau parfait pour l'autre moitié de votre cœur ! Vous pouvez réinvestir dans vous-même, dans ces petits plaisirs qui font briller vos yeux. Un livre qui vous tentait depuis des mois, une journée au spa pour chouchouter votre bien-être ou peut-être ce saut en parachute dont vous rêvez. Tout est permis, car votre porte-monnaie vous dit "merci".

Les sorties en couple ? Une ancienne légende pour vous. Vous êtes libre de décider de vos activités sans avoir à jongler avec les préférences de quelqu'un d'autre. Vous êtes le maître de votre emploi du temps, le PDG de vos loisirs. Et soyons honnêtes, votre compte bancaire apprécie cette autogestion des finances.

Le voyage ? Un sac à dos, une destination, et vous voilà paré pour l'aventure en célibataire. Pas de négociations sans fin sur la destination, pas de discussions pour choisir l'hôtel. Vous êtes un aventurier solitaire, un nomade sans contrainte financière. Vous pouvez réellement profiter de l'instant présent, sans un pied dans la galère financière.

Les factures ? Divisées par deux, tout simplement. Adieu, le partage des dépenses. Vous êtes en mode économie illimitée. Vous pouvez mettre de côté, investir dans vos projets futurs, dans cette machine à café dont vous rêvez depuis des lustres, ou dans une escapade en montgolfière au-dessus des nuages. Oui, célibataire rime avec rentabilité.

L'économie, c'est aussi la possibilité de faire des folies intelligentes. Vous avez l'opportunité de mettre de l'argent de côté pour votre avenir, pour ces projets qui vous tiennent à cœur. Vous êtes votre propre investissement, et la bourse de votre vie est entre vos mains, sans court-circuit.

Le célibat, c'est donc être le chef d'orchestre de ses finances. C'est danser sur la mélodie de la rentabilité, tout en gardant un pied de nez à Cupidon. Parce qu'au final, la vraie richesse, c'est de vivre sa vie à son rythme, en solo, en toute liberté et avec un budget en or.

Alors, chers célibataires, savourez ce trésor caché que sont vos économies. Elles sont le fruit de votre indépendance financière, de votre capacité à faire fructifier vos rêves sans rien sacrifier. Vous êtes votre propre banquier, et votre portefeuille est votre meilleur allié. Faites de votre célibat une success story économique, et que chaque dépense soit un investissement dans votre propre bonheur.

3.

PRENDRE SOIN DE TOI TU POURRAS

Ah, l'art subtil du célibat, où prendre soin de soi est une véritable œuvre en perpétuelle évolution. Car voyez-vous, être célibataire, c'est comme être l'artiste de sa propre existence. Imaginez que votre vie soit une toile blanche, et que chaque coup de pinceau soit un geste bienveillant envers vous-même.

Dans ce vaste musée qu'est votre vie en solo, chaque jour est une exposition de vos talents et de votre amour-propre. Vous êtes le conservateur de cette galerie, celui qui choisit les chefs-d'œuvre qui y sont accrochés. Et quelle collection vous avez !

En célibataire éclairé, vous pouvez sculpter votre propre routine, modeler votre emploi du temps à votre guise. Pas de compromis sur les moments dédiés à votre bien-être. Vous pouvez choisir l'heure de votre séance de méditation, de votre yoga, ou de votre dégustation de chocolat bio. Chaque instant est une esquisse, chaque moment est un chef-d'œuvre en devenir.

Parlons maintenant de l'art ancestral du bain, cette toile où vous pouvez laisser aller votre créativité et votre relaxation. Imaginez-vous, vous baignant dans votre propre spa privé, entouré de bougies parfumées et de sels apaisants. Vous êtes l'artisan de votre détente, et chaque bulle est une note de musique qui vous apaise.

Et que dire de l'exploration des plaisirs gustatifs ? En solo, chaque repas est une invitation à un festin personnalisé. Vous êtes le chef dans votre propre restaurant, concoctant des plats aussi inventifs qu'exquis. Que ce soit une cuisine gastronomique ou un simple sandwich gourmet, votre palais est votre terrain de jeu.

Ah, et le sommeil, cette douce mélodie de la nuit où vous êtes la vedette incontestée. Pas de concertos nocturnes, juste le silence apaisant de votre chambre à coucher. Vous pouvez régler la température à votre guise, choisir votre literie favorite, et vous enrouler dans vos draps tel un artiste dans son édredon.

En célibataire, chaque espace de votre logis devient une extension de votre personnalité. Vous pouvez décorer votre chez-vous selon vos goûts, sans devoir négocier avec un partenaire qui a une passion pour le rose fluo. Votre environnement est le reflet de votre âme créative.

Et bien sûr, comment ne pas parler de ces moments où vous vous laissez aller à la paresse, simplement à vous détendre et à prendre du temps pour vous ? Lire un bon livre, regarder votre série préférée, ou simplement flâner en contemplant le plafond. Chaque moment de farniente est une pause dans la symphonie de votre vie.

Alors, célibataires, soyez fiers de votre statut d'artiste en résidence dans le musée de votre existence. Chaque geste bienveillant envers vous-même est une œuvre d'art en perpétuelle évolution. Prenez soin de vous comme le plus précieux des trésors, et laissez votre vie être la toile où s'exprime votre créativité infinie.

4.

TES PASSIONS TU DEVELOPPERAS

Dans l'univers éblouissant du célibat, vos passions sont les étoiles qui illuminent votre firmament personnel. Être célibataire, c'est un peu comme être un astronome de l'âme, un explorateur de vos propres constellations d'intérêts. Vous avez le ciel pour vous seul(e), et chaque étoile est une passion qui n'attend que d'être observée, explorée, et choyée.

Ah, les passions ! Ces petits feux follets qui dansent dans les recoins de votre cœur. Lorsque vous êtes célibataire, ces flammèches peuvent se transformer en incendies créatifs. Vous avez la liberté d'allumer chacune d'entre elles, de les laisser grandir et embraser votre vie. Plus besoin de composer un concerto des goûts pour deux, vous êtes le maestro de votre propre symphonie passionnelle.

Imaginez-vous, vous êtes assis(e) à votre établi d'artiste, entouré(e) de vos outils et de vos matériaux. Vous pouvez laisser aller votre créativité, sans contrainte, sans aucune limite. Chaque coup de pinceau, chaque trait de crayon est une expression de vous-même, une projection de votre âme d'artiste.

Les amoureux des mots, ces écrivains en herbe, ont une page blanche comme terrain de jeu. Vous pouvez écrire des histoires, des poèmes, des réflexions, tout ce que votre cœur désire. Vous êtes l'auteur de votre propre roman, et chaque mot que vous écrivez est une lettre d'amour à votre passion.

Les mélomanes, ces virtuoses de l'âme, ont une partition sans fin à interpréter. Vous pouvez jouer de votre instrument à votre guise, sans qu'aucune fausse note vienne perturber votre symphonie personnelle. Vous êtes le compositeur et l'interprète de votre propre concert.

Les amoureux du sport, ces athlètes du quotidien, peuvent s'adonner à leur passion à tout moment. Vous pouvez courir, sauter, nager, ou danser comme bon vous semble. Vous êtes votre propre coach, votre propre équipe. Vous pouvez repousser vos limites, établir de nouveaux records, et vous sentir champion(ne) de votre propre vie.

Le célibat, c'est l'opportunité de vous plonger à corps perdu dans vos centres d'intérêt. Vous pouvez explorer chaque recoin de votre univers personnel, sans avoir à consulter un autre astronaute. Vous êtes seul(e) maître à bord de votre vaisseau de découvertes.

Et que dire de ces moments de contemplation, ces instants où vous vous perdez dans vos passions, où vous êtes totalement immergé(e) dans ce qui vous fait vibrer ? Ces moments où le temps s'arrête, où vous vous sentez en totale harmonie avec vous-même. Vous êtes un artiste contemplatif, un amoureux du monde qui s'émerveille devant chaque nuance de la palette de la vie.

Alors, chers célibataires, que vos passions soient un éclat dans votre ciel intérieur ! Qu'elles brillent de mille feux, illuminant votre existence et celles des autres. Que chaque passion soit une étoile filante laissant une traînée lumineuse dans le firmament de votre vie. Le célibat est la nuit étoilée où chaque passion trouve sa place, sa lumière, et son éclat éternel.

5.

DRAGUER TU POURRAS

Être célibataire, c'est comme être un explorateur, un aventurier de l'amour. L'univers de la drague est votre terrain de jeu, votre terrain de chasse, où chaque regard est un indice, chaque sourire une énigme à résoudre. Ah, la drague, cette danse subtile, ce jeu de l'amour où vous êtes la star incontestée.

Lorsque vous êtes célibataire, vous êtes libre de jouer de votre charme, de déployer vos atouts sans aucune retenue. Pas de règles, pas de limites, juste vous et le vaste champ des possibles. Vous êtes le roi ou la reine de votre propre jeu de séduction, et chaque coup de dé est une chance de rencontrer quelqu'un de spécial.

La drague, c'est un peu comme jouer au poker. Vous avez vos cartes en main, et vous choisissez le moment opportun pour les abattre sur la table. Vous pouvez bluffer, miser gros, ou simplement observer les autres joueurs. Vous êtes le croupier de votre propre table, distribuant le jeu à votre manière.

Et puis, parlons des rendez-vous galants. Lorsque vous êtes célibataire, chaque rencontre est une aventure en soi. Vous pouvez choisir le lieu, le moment, et même le scénario. Une soirée romantique au restaurant, un pique-nique au parc, ou pourquoi pas une séance de cinéma en plein air ? Les options sont infinies, et vous êtes le réalisateur de cette comédie romantique.

Les conversations ? Ah, la drague est un jeu de mots, une partie d'échecs où chaque réplique est un coup stratégique. Vous pouvez exprimer vos pensées, vos idées, sans avoir à considérer le point de vue d'un partenaire. Vous êtes le maître des mots, le poète de votre propre poésie.

Les rencontres ? Vous pouvez explorer différents univers, rencontrer des personnes aux horizons variés. Chaque rendez-vous est une chance d'apprendre, de grandir, de vous ouvrir à de nouvelles expériences. Vous êtes l'aventurier des relations, le Marco Polo des cœurs.

Et puis, la cerise sur le gâteau, c'est cette liberté de choisir. Vous pouvez prendre votre temps, explorer, sans avoir à vous engager précipitamment. Vous êtes le pilote de votre propre destin amoureux, et chaque décision est la vôtre.

Alors, chers célibataires, soyez les maîtres de la drague, les virtuoses de la séduction. Que chaque regard, chaque sourire, chaque geste soient une note dans la symphonie de votre quête amoureuse. Osez, expérimentez, et surtout, amusez-vous. La drague, c'est un jeu, et vous êtes le champion en titre.

6.

PROFESSIONNELLEMENT TU EVOLUERAS

La route du succès professionnel est souvent parsemée de feux tricolores où la vie sentimentale peut parfois jouer le rôle du feu vert. Mais cher célibataire, détrompez-vous, l'aventure solitaire est pavée d'opportunités lumineuses où votre carrière brillera de mille feux. Voici votre laissez-passer pour une ascension éclair vers les sommets de l'évolution professionnelle.

Tout comme un explorateur qui découvre de nouvelles contrées, le célibat offre une exploration sans limites de votre univers professionnel. Vous avez tout le temps nécessaire pour embrasser votre carrière à bras ouverts, sans craindre de partager votre énergie avec une tierce personne. Votre passion devient le moteur de votre ascension.

Célibataire, vous avez le privilège rare de canaliser votre concentration de manière inaltérée sur vos objectifs professionnels. Vous êtes l'alchimiste de votre propre réussite, mêlant focus et dévouement pour créer une formule magique : célibat + focus = prospérité. Les distractions amoureuses sont mises en quarantaine, laissant place à une totale immersion dans votre carrière.

Dans l'arène professionnelle, le temps est un précieux allié. En étant célibataire, vous avez la liberté de tracer votre propre chemin professionnel sans avoir à conjuguer votre emploi du temps avec celui d'un partenaire. Vous êtes le maître de votre temps, le roi du calendrier, orchestrant chaque journée selon vos desiderata professionnels.

Tout comme un jardinier façonne son jardin selon son inspiration, le célibat offre l'opportunité d'apprivoiser et de cultiver votre carrière selon vos envies. Vous êtes le jardinier de votre propre succès, semant des graines d'idées, d'efforts et de persévérance qui, avec le temps, fleuriront en une récolte abondante de réussite.

Le célibat est une clé qui ouvre la porte de la mobilité professionnelle. Vous êtes libre de saisir les opportunités qui se présentent, que celles-ci impliquent un changement de ville, de pays ou même de continent. Vous êtes l'explorateur des horizons professionnels, prêt à voguer vers de nouveaux défis.

La construction de réseaux professionnels est une étape cruciale dans le monde du travail. En étant célibataire, vous pouvez allouer du temps et de l'énergie pour tisser des liens solides et durables. Vous êtes l'architecte de vos relations professionnelles, construisant des ponts entre vous et d'autres individus, ouvrant ainsi des portes vers des opportunités insoupçonnées.

Le célibat, loin d'être une simple situation, devient une véritable philosophie du succès. Vous êtes l'alchimiste de votre propre bonheur, mêlant la solitude choisie à l'ascension professionnelle. Chaque journée est une toile vierge où vous pouvez peindre les traits de votre futur radieux.

7.

TES AMIS TU VERRAS

Dans ce grand roman de la vie, être célibataire est un peu comme être l'auteur de sa propre intrigue. Vous avez le privilège exquis de choisir les personnages qui prendront place dans votre récit. Parmi ces personnages, les amis occupent une place de choix. Vous êtes le réalisateur de cette comédie humaine et chaque acte vous appartient. Dans cette mise en scène savamment orchestrée, vos amis sont des étoiles brillantes, des acteurs exceptionnels, prêts à jouer leurs rôles avec panache.

Ah, les amis, ces joyaux de la vie en solo ! Lorsque vous êtes célibataire, votre groupe d'amis devient votre bande originale, votre orchestre symphonique. Ils sont là pour jouer la partition de votre existence, pour accompagner chaque moment fort de cette belle symphonie.

Imaginez, vous avez une galerie d'art à votre disposition, chaque ami étant une œuvre unique et précieuse. Vous pouvez les contempler à loisir, savourer leur essence, et chaque rencontre est une nouvelle exposition, un festival d'art à lui seul.

Et les sorties ? Oh, les sorties entre amis sont des aventures épiques. Vous êtes le héros de votre propre saga, explorant des territoires inconnus, défiant les monstres du quotidien et collectant les trésors de l'amitié.

Les discussions ? Chaque échange est un dialogue ciselé, une conversation qui enrichit l'esprit. Vous êtes le philosophe de votre cercle, analysant le monde, partageant vos idées, et éclairant votre entourage de votre sagesse subtile.

Parlons des fous rires, ces pépites d'or dans le coffre-fort de l'amitié. Chaque éclat de rire est une gemme précieuse, une note de musique dans la symphonie joyeuse de votre vie en solo.

Ah, et les confidences ! Vous êtes le gardien des secrets, le confident de vos amis. Chaque confidence est une marque de confiance, un témoignage de votre lien unique avec vos proches.

Et puis, la solidarité entre amis est une émotion pure, une énergie qui vous propulse vers l'avant. Vous êtes le guerrier solitaire soutenu par une armée d'amis, prêt à affronter les défis du quotidien.

Les amis sont vos acolytes dans cette quête de l'épanouissement. Ils sont vos partenaires dans le grand bal de la vie. Chaque pas de danse est une étape de votre voyage, chaque sourire est une lumière dans l'obscurité, chaque rire est une mélodie enchanteresse.

Alors, chers célibataires, que votre groupe d'amis soit une constellation scintillante dans votre ciel étoilé ! Qu'ils soient vos coéquipiers dans cette aventure fabuleuse qu'est la vie en solo. Chaque ami est une étoile qui brille à sa manière, illuminant votre univers et ajoutant une touche magique à votre histoire. Dans cette grande pièce de théâtre qu'est la vie, vos amis sont les acteurs exceptionnels, et vous êtes le metteur en scène de votre destinée.

8.

TES CHOIX TU FERAS

Dans l'immense manège de la vie, être célibataire est un peu comme monter sur le cheval de bois de la liberté. Vous êtes le cavalier intrépide, seul maître de votre monture, prêt à galoper à travers les plaines de l'existence. Les choix, ces carrefours de la destinée, sont votre terrain de jeu. Chaque décision est un pinceau dans la palette de votre aventure.

Ah, les choix, ces étoiles filantes dans le ciel nocturne de votre vie en solo ! Lorsque vous êtes célibataire, chaque choix est une étoile que vous pouvez saisir, une étoile qui éclaire votre chemin, une étoile qui brille dans la nuit de vos possibilités.

Et puis, les décisions ! Vous êtes le chef d'orchestre de votre propre symphonie, dirigeant chaque note, chaque tempo de votre existence. Chaque décision est une mélodie, une composition unique, et vous êtes le compositeur de votre destin.

Les projets ? Chaque projet est une œuvre d'art que vous pouvez façonner à votre image. Vous êtes le sculpteur de votre ambition, taillant dans la matière brute de vos rêves pour créer des chefs-d'œuvre.

Les défis ? Ah, les défis sont des montagnes à escalader, des dragons à combattre. Vous êtes le chevalier solitaire, l'élu de votre propre quête, prêt à conquérir les sommets de l'impossible.

Et les opportunités ? Vous êtes le pêcheur de perles, plongeant dans l'océan du quotidien pour dénicher les trésors cachés. Chaque opportunité est un joyau à ajouter à votre collection, une pépite dans le sable de l'existence.

Parlons des relations ! Vous êtes le peintre de votre toile sociale, choisissant avec minutie les couleurs, les nuances, les textures de chaque relation. Chaque amitié, chaque rencontre, est une œuvre d'art à part entière, un tableau qui orne les galeries de votre cœur.

Et puis, l'amour ! Vous êtes le poète de votre propre romance, écrivant chaque vers, chaque strophe avec l'encre de votre cœur. Chaque histoire d'amour est un chapitre dans votre livre intime, une épopée dont vous êtes le héros.

Le célibat est comme une toile blanche, une page vierge, où vous êtes l'écrivain de votre propre roman. Chaque mot que vous choisissez, chaque tournure que vous employez, chaque virgule que vous placez, c'est une décision qui donne vie à votre histoire.

Alors, chers célibataires, soyez les capitaines de vos propres navires, les pilotes de vos propres vols, les chefs d'orchestre de vos propres symphonies. Que chaque choix soit une note dans la mélodie de votre vie, que chaque décision soit une boussole qui vous guide vers l'infini des possibles. Le célibat, c'est être le maître de cérémonie de votre propre cirque, jonglant avec les choix et créant le spectacle le plus éblouissant.

9.

CE QUE TU VEUX TU MANGERAS

Dans ce grand festin de la vie, être célibataire, c'est être le chef étoilé de son propre restaurant. Vous êtes aux fourneaux, armé de votre tablier d'indépendance, prêt à concocter le plat de vos rêves. Les choix culinaires, ces épices de votre existence, sont votre palette de saveurs. Chaque repas est une œuvre gastronomique à créer selon vos envies.

Ah, les repas, ces poèmes gourmands ! Lorsque vous êtes célibataire, chaque plat est une strophe, chaque recette est un vers, et vous êtes le poète de votre propre menu. Chaque bouchée est une note de musique, une symphonie de délices orchestrée par vos soins.

Les restaurants ? Ils sont votre scène, votre amphithéâtre gastronomique. Vous êtes l'acteur principal de votre expérience culinaire, décidant du décor, du rôle que vous jouerez ce soir-là. Chaque restaurant est un théâtre où se joue une pièce inédite, et vous en êtes le metteur en scène.

Laissez-moi vous conter l'histoire d'un dîner mémorable, d'un rendez-vous galant avec moi-même dans ce restaurant nommé "L'Art de la Saveur". Les lumières tamisées dansaient sur les nappes blanches comme des étoiles dans un ciel nocturne. Les serveurs, tels des danseurs de ballet, glissaient gracieusement entre les tables. Je pouvais sentir l'effluve enivrant des mets délicats, une invitation à un voyage gustatif sans pareil.

Parlons des courses ! Vous êtes le détective de votre propre enquête, explorant les rayons des supermarchés à la recherche d'indices, de trésors cachés dans les allées. Chaque produit est un indice, chaque étiquette est une piste, et vous êtes le fin limier de votre alimentation.

Et puis, les repas entre amis ! Vous êtes le maître de cérémonie, l'architecte de la soirée. Vous pouvez créer des banquets à votre image, des agapes où la convivialité est reine, où les rires résonnent comme des mets exquis.

La créativité culinaire ? Vous êtes le Picasso des fourneaux, le Mozart des casseroles. Chaque plat est une toile vierge où vous pouvez exprimer votre créativité, mêlant les couleurs, les textures, les saveurs selon votre inspiration.

Et les pique-niques ? Vous êtes l'explorateur, le nomade de la gastronomie. Vous pouvez déployer votre nappe sur les prairies de votre choix, savourant un festin en plein air, en harmonie avec la nature.

Le célibat est un festin à la carte, une dégustation à volonté. Vous êtes le chef étoilé de votre propre restaurant, préparant chaque plat avec amour et passion. Chaque repas est une aventure, un voyage culinaire à travers les saveurs du monde.

Alors, chers célibataires, que votre cuisine soit votre laboratoire d'expériences, que vos repas soient des poèmes dégustés. Que chaque plat soit une manifestation de votre liberté, que chaque recette soit une création unique. Le célibat, c'est être le maître de cérémonie de votre propre dégustation, savourant chaque bouchée comme une symphonie de bonheur.

10.

T'ENGUEULER TU NE FERAS PAS

Dans le vaste théâtre de la vie, être célibataire est un peu comme être le seul acteur de votre propre pièce. Vous êtes le metteur en scène de vos émotions, le dramaturge de votre sérénité. Les conflits, ces péripéties de l'existence, sont votre toile de fond. Chaque moment est une scène à jouer, un rôle à interpréter.

Ah, les conflits, ces duels verbaux ! Lorsque vous êtes célibataire, chaque désaccord est un monologue, chaque discussion est un monologue, et vous êtes le compositeur de cette symphonie relationnelle. Chaque parole est une note, chaque silence est une pause, et vous êtes le chef d'orchestre de votre propre harmonie.

Les disputes ? Elles sont vos duels, vos joutes verbales. Vous êtes le chevalier solitaire, l'escrimeur des mots, prêt à défendre vos convictions avec élégance. Chaque désaccord est une opportunité de grandir, d'apprendre, de renforcer votre armure émotionnelle.

Et puis, les négociations ! Vous êtes le diplomate, le médiateur de votre propre traité. Vous pouvez trouver des compromis, établir des accords, bâtir des ponts entre les rives des opinions divergentes. Chaque négociation est un pas vers la compréhension mutuelle, une avancée vers la paix intérieure.

Parlons des réconciliations ! Vous êtes le poète, le rédacteur en chef de votre propre lettre d'excuses. Chaque réconciliation est une réunion d'âmes, un retour à l'harmonie, et vous êtes l'architecte de cette paix retrouvée.

Et puis, l'équilibre émotionnel ! Vous êtes le funambule, l'artiste qui jongle avec les émotions. Vous pouvez marcher sur le fil ténu de la paix intérieure, gardant votre équilibre même dans la tempête. Chaque moment d'harmonie est une victoire, une étape vers la maîtrise de soi.

Le célibat est un art de la tranquillité, une danse de l'âme où chaque pas est en harmonie avec votre essence. Vous êtes le danseur solitaire, virevoltant sur la piste de votre propre sérénité. Chaque instant est une chorégraphie, un mouvement gracieux dans la symphonie de la vie.

Alors, chers célibataires, que votre calme soit votre bouclier, que votre douceur soit votre épée. Que chaque moment de paix soit une affirmation de votre force intérieure, que chaque désaccord soit une opportunité de grandir. Le célibat, c'est être le chef d'orchestre de votre propre sérénade, dirigeant les notes de votre vie avec grâce et subtilité.

11.

LA FÊTE TU FERAS

Bienvenue sur la piste de danse de la vie, où être célibataire est une invitation à danser sous les étoiles, à explorer les nuits sans fin et à faire vibrer les lumières de la liberté. Être célibataire, c'est être le DJ de sa propre soirée, orchestrant les moments festifs au rythme de son cœur, sans horaires ni contraintes.

Lorsque la nuit tombe, c'est le début de votre propre symphonie. Être célibataire, c'est porter sa montre au poignet du cœur, écoutant son tic-tac au rythme des pulsations de la vie nocturne. Vous n'êtes pas contraint par le carillon de minuit, mais guidé par l'harmonie de la liberté.

Les rues s'animent, les lumières scintillent, et vous êtes au premier rang de ce spectacle de la nuit. Être célibataire, c'est avoir un ticket VIP pour ce show permanent. Vous pouvez y assister à volonté, applaudissant chaque acte de liberté avec enthousiasme.

Les soirées sont vos potions magiques. Être célibataire, c'est avoir la clé du coffre à trésors des fêtes infinies. Chaque soirée est une aventure unique, un bal masqué où vous pouvez être qui vous voulez, danser comme bon vous semble, et peut-être rencontrer votre prince ou princesse charmant(e).

Les sorties nocturnes sont des toiles de convivialité où chaque coup de pinceau est un échange, chaque nuance est un rire partagé. Être célibataire, c'est être l'artiste de ces moments, mélangeant les couleurs des conversations, ajoutant des éclats de rire et dessinant des souvenirs lumineux.

Les sorties nocturnes sont aussi des feux d'artifice de rencontres. Être célibataire, c'est regarder ce spectacle avec des yeux émerveillés, prêt à voir chaque étincelle comme une opportunité, chaque explosion comme une possibilité de connexion.

Dans la nuit, vous pouvez vous perdre pour mieux vous trouver. Être célibataire, c'est être le héros d'une aventure nocturne, suivant votre boussole intérieure vers des destinations inconnues, découvrant des rues à la lueur des réverbères et trouvant des trésors d'amitié dans l'obscurité.

La fête, c'est aussi un retour à soi. Être célibataire, c'est danser pour le plaisir, chanter pour l'âme, et rire pour la joie pure. Vous êtes votre propre lumière dans cette nuit festive, une étoile brillante dans le ciel nocturne.

Alors, chers célibataires, que chaque nuit soit une fête dans le grand bal de votre existence. Que chaque étoile soit un éclat de joie, que chaque rire soit une explosion de confettis. Le célibat, c'est être le chef d'orchestre de votre propre fête, dirigeant la symphonie des festivités de votre vie avec passion et créativité.

Félicitations, chers lecteurs, pour avoir parcouru avec entrain et curiosité les couloirs pétillants et étincelants du célibat. Vous avez découvert un monde où la liberté est roi, où chaque instant est une occasion de célébrer, et où la piste de danse de la vie ne s'arrête jamais de tourner.

Le célibat, bien loin d'être une simple étiquette ou une situation transitoire, est une véritable célébration de soi. C'est embrasser la plénitude de l'instant présent, affirmer son individualité et se donner l'autorisation d'être le maître de sa propre destinée.

En choisissant le célibat, vous choisissez une voie parsemée de liberté et d'autonomie. C'est être le capitaine de son propre navire, naviguant à travers les mers agitées de l'existence avec audace et détermination. C'est prendre les rênes de sa vie amoureuse, sociale et personnelle, sans compromis sur qui vous êtes ou ce que vous voulez devenir.

Le célibat, ce n'est pas seulement le fait d'être seul, mais d'être seul avec panache. C'est être le héros ou l'héroïne de sa propre histoire, rédigeant chaque page avec audace, humour et une bonne dose de légèreté. C'est s'autoriser à danser même si personne ne regarde, à rire même si le monde semble sérieux, à aimer la personne la plus importante de sa vie : soi-même.

Dans le bal de la vie, le célibat est cette danse en solo qui peut éblouir le monde. C'est être la star de son propre spectacle, la lumière qui brille au centre de la scène. C'est croquer la vie à pleines dents, déguster chaque moment comme un met exquis et savourer la liberté comme un vin délicat.

Les avantages du célibat sont aussi variés que les étoiles dans le ciel. C'est la possibilité de forger des amitiés profondes, de découvrir ses passions, de se consacrer à ses projets personnels et de créer une vie sur mesure. C'est pouvoir choisir ses priorités, sans compromettre sa vision et ses rêves.

Rappelez-vous que chaque jour est une danse à célébrer, un festin à savourer, et une fête à organiser. Que la mélodie de la liberté continue à résonner dans votre cœur, que les rires soient votre musique préférée, et que la piste de danse de la vie soit toujours ouverte à vos pas joyeux.

Alors, chers célibataires, dansez, riez, chantez et brillez dans ce grand bal qu'est la vie. Que votre célibat soit une danse en solo époustouflante, une symphonie d'autonomie, et une ode à la liberté. Que chaque jour soit une nouvelle invitation à célébrer l'aventure qu'est votre existence.

La vie est une fête, et en tant que célibataire, vous en êtes le maître de cérémonie. Que chaque sourire soit un confetti, chaque succès un feu d'artifice, et chaque expérience une mélodie enivrante.

Alors, en avant la musique, et que la fête continue !

Printed in France by Amazon
Brétigny-sur-Orge, FR